ORGANISATION DU TERRAIN

PREMIÈRE PARTIE
ÉTUDES D'ENSEMBLE

DEUXIÈME FASCICULE
ORGANISATIONS OFFENSIVES

Commandant BARRÉ

TEXTE

Vu et approuvé :
Le Général BASSENNE,
Commandant le Génie de l'Armée,
Signé : **BASSENNE**.

IMPRIMÉ AU G. C. T. A. IV

15 Février 1918

ORGANISATION DU TERRAIN

PREMIÈRE PARTIE

ÉTUDES D'ENSEMBLE

DEUXIÈME FASCICULE

ORGANISATIONS OFFENSIVES

Commandant BARRÉ

TEXTE

TABLE DES MATIÈRES

Organisations offensives. — *Introduction* 3

CHAPITRE Ier. — *Conditions générales d'une action offensive* 3

    I. — Conditions générales 3

    II. — Plan 3

    III. — Préparation 4

    IV. — Exécution : Préparation d'Artillerie ; attaque d'Infanterie 5

    V. — Place du Commandement 5

    VI. — Communications 5

    VII. — Liaisons 5

    VIII. — Ravitaillements et évacuations 5

CHAPITRE II. — *Étude de quelques offensives intéressantes ; Enseignements à en tirer* 6

    I. — Offensives de 1914 et de 1915 6

        Offensive du 25 septembre 1915 en Champagne 6

        Offensive du 25 septembre en Artois 7

        Conclusions à tirer des offensives de 1915 7

    II. — Offensive allemande du 21 février 1916 contre Verdun 8

    III. — Attaque de la 3e D. I. C. le 1er juillet 1916 11

        Enseignements à tirer 13

    IV. — Attaque du XVIIe C. A. le 17 avril 1917 13

        Enseignement à tirer de l'attaque du XVIIe C. A. 17

    V. — Attaque du Chemin des Dames 17

        Enseignement à tirer 19

CHAPITRE III. — *Étude des dispositions actuellement adoptées dans l'organisation d'une offensive* . . 19

    A. — Préparation et débouché de l'attaque 19

        I. — Considérations générales 19

        II. — Emploi de l'Artillerie 20

        III. — Préparation par l'Artillerie 20

        IV. — Dispositions des troupes pour l'attaque 20

        V. — Emplacement de la parallèle de départ 21

        VI. — Barrages roulants 21

        VII. — Voies et communications 22

        VIII. — P. C. ; P. S. 23

        IX. — Dépôts de matériel 23

    B. — Organisation du terrain conquis 23

NOTE 24

ORGANISATIONS OFFENSIVES

INTRODUCTION

L'expérience acquise par plus de trois ans de campagne a mis en évidence l'allure générale d'une action offensive dans les conditions actuelles. Elle a fait apparaître notamment la part de plus en plus considérable impartie à la préparation matérielle.

Nous commencerons dans un premier chapitre par indiquer rapidement les principes généraux qui régissent toute action offensive moderne. Puis, dans un second chapitre, nous donnerons les exemples historiques, empruntés à l'histoire de cette guerre, qui ont conduit à confirmer ces principes.

Nous terminerons dans un troisième chapitre par l'examen des dispositions auxquelles conduit actuellement leur application, et notamment de celles qui sont relatives à l'organisation du terrain.

CHAPITRE PREMIER

Conditions générales d'une action offensive

Considérations générales. — Plan. — Préparation. — Exécution : Préparation d'Artillerie ; Attaque d'Infanterie. — Commandement. — Communications et liaisons. — Ravitaillement et évacuation.

I. — Conditions générales

Une action offensive complète comporte deux phases : un combat de rupture et une exploitation. Ces deux phases sont conduites d'après un plan d'ensemble arrêté par le Commandement. Mais l'attaque proprement dite doit être précédée d'une série d'opérations préliminaires de mise en œuvre en permettant le développement normal. C'est la préparation. Les instructions en vigueur font rentrer avec raison dans la période d'exécution la partie de l'attaque connue sous le nom de *préparation d'Artillerie.*

Nous voyons donc que le développement normal d'une action offensive comportera l'élaboration d'un plan, une phase de préparation, puis enfin l'exécution [1].

II. — Plan

Les conditions de réussite d'une attaque peuvent se résumer dans les quelques lignes suivantes empruntées à l'Instruction du 16 décembre 1916 et qui, vraies de tout temps, sont destinées à le demeurer quelle que puisse être l'évolution technique ultérieure :

---

[1] La partie dogmatique de cette étude rédigée avant l'apparition de l'Instruction du 31 octobre 1917, sur l'action offensive des grandes unités dans la bataille, a pu être conservée sans changement étant en conformité de vues avec ce document officiel, auquel pourront se reporter, en cas de nécessité, les Officiers chargés d'une étude relative à une action offensive.

« Appliquer les moyens les plus puissants dans les zones du terrain où la progression peut être la plus rapide, tant en raison des facilités de parcours qu'elles offrent à l'Infanterie que des possibilités d'action qu'y trouve l'Artillerie ; viser, dans la direction des objectifs que l'on veut atteindre, l'occupation des lignes du terrain sur lesquelles l'ennemi pourrait rétablir son front ou celle des débouchés nécessaires à la continuation du mouvement ; tendre, par l'enveloppement de toute aile créée dans le dispositif adverse, à l'élargissement du front de combat initial et à la destruction de la plus grande partie possible des forces ennemies, telles sont les idées directrices qui doivent présider à l'établissement du plan de toute opération offensive.

« De ce plan découlent :

« La répartition des forces et des moyens ; l'organisation et l'exercice du Commandement.

« *a*) Répartition des forces et des moyens. — La répartition des forces et des moyens est faite en vue de mener le combat de rupture et d'exploiter le succès.

« Le combat de rupture comprend une série d'attaques méthodiques d'ensemble qui doivent :

« 1º Être conduites sur un front étendu et continu ;

« 2º Rechercher l'enlèvement des Batteries ennemies ;

« 3º Se succéder le plus rapidement possible.

« *b*) Organisation et exercice du Commandement. — Le Commandement devra être organisé de façon à conduire l'attaque avec la rapidité, la continuité, l'ordre et la méthode qui sont les conditions nécessaires pour obtenir des succès décisifs et pouvoir les exploiter.

« Le front d'attaque des grandes unités, C. A. et D. I., dépendra de la mission qui leur sera donnée.

« Les C. A. engagés seront disposés en profondeur, un C. A. constitué à quatre Divisions mettra ordinairement deux Divisions en ligne, deux Divisions en réserve ; les Divisions ne mettront en première ligne que l'effectif strictement nécessaire.

« De son côté, le Commandant de l'Armée disposera ses réserves propres (C. A. ou Divisions, Corps de Cavalerie ou D. C.) en vue de leur intervention au cours de la bataille pour exploiter le succès. »

III. — Préparation

La préparation comporte :

1º *L'étude du terrain et la reconnaissance des objectifs.* C'est l'œuvre des Chefs des grandes unités, de leurs états-majors et aussi des Commandants de troupes de toutes armes qui devront faire ces recherches par tous les moyens possibles : cartes, plans en reliefs, reconnaissances sur le terrain ou en avion. Cette étude doit être faite séparément par chacun et reprise en commun.

Elle permettra, d'une part, de reconnaître la valeur du dispositif ami au point de vue de l'attaque projetée et, d'autre part, de déterminer les points intéressants des positions ennemies : lignes générales, flanquements, itinéraires, dépôts, nœuds de communication, etc. ;

2º *L'établissement des données* suivant lesquelles seront employés les forces et moyens, c'est-à-dire :

a) Le plan d'engagement de l'Infanterie ;

b) Le plan d'action de l'Artillerie ;

c) Le plan d'exploitation ;

d) Le plan de liaison.

L'établissement de ces données résulte immédiatement des conclusions des études et reconnaissances indiquées ci-dessus.

3º *La mise en place des forces et moyens*, c'est-à-dire : l'aménagement du terrain tant pour l'Infanterie que pour l'Artillerie et le Commandement.

Il est à peine besoin de répéter (Cf. *Organisations défensives*, Chap. V, n° 5, 1° Ligne de surveillance) qu'il y a intérêt à faire le moins possible de travaux nouveaux afin d'éviter de démasquer les projets.

4° *Mise en condition de la troupe.* Comporte : l'instruction, l'installation matérielle, la préparation morale.

IV. — Exécution : Préparation d'Artillerie ; attaque d'Infanterie

L'exécution proprement dite, comporte deux phases :

1° Préparation par l'Artillerie ;

2° L'exécution proprement dite, c'est-à-dire la mise en action des troupes d'Infanterie avec, naturellement, la continuation de l'action d'Artillerie pour la soutenir.

V. — Place du Commandement

Les Commandants d'attaque doivent s'installer de manière à voir le mieux possible le terrain du combat. Les P. C. doivent être munis d'un bon observatoire. On peut admettre qu'en vue du combat tous les P. C. avancent d'un échelon (D. I. au P. C. de l'I. D. et ainsi de suite, le P. C. de Bataillon passant dans les P. C. de Compagnie).

VI. — Communications

Le problème des communications de toute nature, voies ferrées, routes, boyaux, est fondamental ; on peut dire que c'est de sa solution que dépend, en très grande partie, le succès de l'affaire. Des communications insuffisantes conduisent à un échec certain. Nous aurons l'occasion de revenir sur ce point important au cours de ce travail.

VII. — Liaisons

A citer pour mémoire. Les liaisons de toute nature sont à assurer conformément au plan de liaison, de manière à fonctionner avec sûreté. (Voir conférences de l'École : *Liaison* ; *T. S. F., T. P. S*).

VIII. — Ravitaillements et évacuations

Le problème de la constitution des dépôts (voir conférence de *Stockage* en ce qui concerne le Génie) de toutes natures est primordial ; il est relié intimement à celui des communications ainsi d'ailleurs que le problème des postes de secours et que celui des évacuations.

IX

Nous arrêterons ici l'exposé dogmatique de la question, son développement suivant les idées actuelles devant trouver plus naturellement sa place après l'étude des exemples historiques qui ont servi à fixer la doctrine. Il était néanmoins utile, pour leur facile compréhension même, d'esquisser, pour débuter, les principes généraux de la question.

CHAPITRE II

Étude de quelques actions offensives intéressantes
Enseignements à en tirer

Offensives de 1914 et de 1915. — Offensive allemande devant Verdun en 1916. — Offensive de la Somme en 1916. — Offensive sur les Monts en avril 1917. — Offensive française sur le Chemin des Dames en novembre 1917.

I. — Offensives de 1914 et de 1915

Après les affaires de l'Yser, les Allemands ne tentent plus en 1914 et en 1915, aucune action offensive d'une portée intéressante. Il en est de même du côté français pendant la fin de 1914. Le premier semestre de 1915, par contre, voit se développer quelques actions offensives : *Éparges* et *Woëvre* (février, mars, avril), *Champagne* (fin 1914 et début 1915).

Toutes ces actions, menées avec un matériel insuffisant, ne conduisent à aucun résultat utile. Elles ne font que confirmer ce que les dernières offensives allemandes elle-mêmes avaient déjà pu faire prévoir : la nécessité absolue d'une puissance matérielle considérable pour briser les résistances d'un adversaire dont la technique défensive s'accroît de jour en jour. Le 9 mai 1915, une attaque fut montée en *Artois* avec un développement d'Artillerie inusité jusque là. Néanmoins, les positions arrière ne purent être entamées suffisamment pour permettre le passage des troupes d'attaque et les réserves engagées ne furent plus disponibles pour pousser l'exploitation du succès.

Offensive du 25 septembre 1915 en Champagne

Le problème posé par le Haut Commandement français dans l'offensive de septembre 1915 en *Champagne* était d'enlever toutes les positions ennemies d'un seul assaut. On avait, pour faciliter l'opération, choisi un terrain où il semblait ne devoir exister aucun point d'appui susceptible de résister à la puissance du canon. Comme conséquence, le dispositif d'attaque était très dense et concentré sur la tête. On cherchait ainsi à permettre aux troupes la traversée du barrage ennemi avant qu'il ait pu prendre toute son intensité.

L'INSTALLATION DE L'ARTILLERIE. — On s'efforça d'organiser le mieux possible les Batteries en commençant les travaux avant l'arrivée des intéressés. L'avance ainsi obtenue, avantageuse en principe, pour la perfection de l'installation, avait le grand inconvénient de permettre le repérage, si bien que beaucoup d'emplacements durent être évacués quand les Batteries vinrent s'installer.

PLACEMENT DU DISPOSITIF D'INFANTERIE. — Il s'agissait donc :

1° D'abriter dans une zone relativement étroite et peu profonde une quantité considérable de troupes. Ainsi pour le 14ᵉ C. A.[1] avec trois Brigades en ligne, front de 2.400 mètres, réserve de C. A. à 700 mètres de la première ligne ;

2° D'assurer le départ simultané des vagues des Bataillons d'attaque, quatre vagues en général.

---

[1] Exemple emprunté à la conférence sur l'*Aménagement du terrain en vue de l'offensive*, faite au C. É. G., en octobre 1916, par le Commandant (aujourd'hui Lieutenant-Colonel) Meullé-Desjardins.

À cet effet, on avait établi une série de parallèles de départ en nombre égal à celui des vagues et un système très complet de boyaux et de places d'armes pour les réserves.

On avait adopté *pour la première parallèle la distance de 150 mètres* des lignes ennemies.

Places d'armes et parallèles avaient été échelonnées dans les 300 premiers mètres derrière la première parallèle pour échapper le plus possible aux barrages ; *les boyaux furent poussés jusqu'à 5 kilomètres*. Entre la première et la seconde parallèle, on avait admis un boyau par Peloton et, plus loin, un boyau tous les 300 mètres. Un de ces derniers boyaux sur trois était destiné aux évacuations. Les P. C. furent poussés très en avant et les liaisons téléphoniques établies avec le plus grand soin.

La zone d'attaque occupée par trois Divisions et où il s'agissait d'en placer 13 était dépourvue entièrement de ressources en points d'eau. cantonnements, voies ferrées ; un très grand effort fut réalisé pour permettre d'obtenir un dispositif satisfaisant aux divers desiderata précédents.

Enseignements tirés de l'offensive de Champagne. — Cette organisation permit de répondre au but poursuivi, c'est-à-dire d'abriter et de débiter de grosses masses de troupes. Elle manquait de rocades, la circulation sur le terrain parallèlement au front étant rendue très difficile par la présence du système très dense de boyaux non pourvus de passages transversaux. A vrai dire, cette absence de rocades était la conséquence de l'idée directrice de l'opération qui n'en prévoyait pas la nécessité.

La première position fut enlevée sans de trop grosses difficultés, mais les vagues d'attaque vinrent se briser avec de lourdes pertes sur la seconde position à peu près intacte parce que trop éloignée de nos Batteries et à contre-pente.

Offensive du 25 septembre en Artois

Parallèlement à l'offensive de Champagne débutait le 25 septembre une offensive en Artois montée sur une conception différente : on chercha, sur une grande partie du front, par un gigantesque travail d'approche, à se placer à une proximité de la ligne ennemie suffisante pour s'en emparer par un combat à la grenade avant l'attaque générale. Malheureusement, ce dispositif ne put jouer, ce travail n'étant pas terminé le jour du déclenchement. La proximité réalisée fut alors un grave écueil, car elle empêcha une préparation d'Artillerie suffisante sur la ligne ennemie. A signaler, comme en Champagne, l'absence de rocades. Cette attaque aboutit, grâce à d'héroïques efforts, à l'occupation partielle de la crête de Vimy.

Conclusions à tirer des offensives de 1915

La discussion des résultats des offensives de 1915 conduit aux conclusions suivantes, dont nous empruntons le résumé à la conférence déjà citée du Commandant Meullé-Desjardins :

« On en conclut à juste titre à la difficulté, sinon à l'impossibilité, dans l'état actuel de l'armement. de nos méthodes de préparation et des forces qui nous sont opposées, d'emporter d'un même élan les positions successives de l'ennemi lorsque leur profondeur excède les portées efficaces de l'Artillerie nécessaire à la préparation.

« On envisagea donc la bataille offensive comme une série d'attaques de positions organisées et non comme une action unique et brutale. Il s'agit dès lors d'un combat méthodique conduit d'objectif en objectif, toujours avec préparation d'Artillerie, préparation minutieuse et par conséquent efficace.

« L'Artillerie débarrasse le terrain de la plupart des obstacles actifs et passifs; l'Infanterie occupe le terrain.

« Dans ces conditions, non seulement la quantité d'Infanterie employée est notablement diminuée, mais son débit est infiniment plus lent. Le dispositif de combat peut donc être aéré en largeur et en profondeur.

« Une ligne de combat assez mince marche sur l'objectif assigné. Derrière elle, les premiers renforts, prêts à combler les vides, assurent la continuité de la progression. Plus loin, d'autres renforts suivent, prêts à renforcer ou à manœuvrer.

« Le premier objectif atteint, on s'organise. Les unités sont remises en ordre, tandis que des reconnaissances, protégées elles-mêmes par l'Artillerie, poussent vers le deuxième objectif.

« On conçoit dès lors combien est facilité le problème consistant à abriter le dispositif de combat et à assurer le débouché des vagues ou plutôt des échelons successifs d'attaque. »

C'est d'après ces conclusions que furent rédigées l'Instruction du 16 janvier 1916 sur le but et les conditions d'une action offensive d'ensemble et l'Instruction du 26 janvier 1916 sur le combat offensif des grandes unités dont les directives d'ensemble peuvent être résumées ainsi qu'il suit :

Le *but reste le même* : destruction des forces d'Artillerie et d'Infanterie ennemies sur l'ensemble des positions successives de la zone d'attaque.

Le *mode d'exécution* est changé : l'opération se présente sous forme d'une suite d'assauts minutieusement préparés, sans solution de continuité, mais comportant chaque fois les reconnaissances et la préparation d'Artillerie nécessaires.

C'est d'après ces principes que furent préparées et exécutées les offensives de 1916.

Nous prendrons comme exemple l'attaque de la 3e D. I. C., le 1er juillet 1916:

Auparavant, nous examinerons rapidement la genèse et l'évolution de la grosse attaque allemande devant Verdun, commencée le 21 février 1916.

II. — Offensive allemande du 21 février 1916 contre Verdun

1o CHOIX DU POINT D'ATTAQUE. — S'étendant sur un front croissant depuis la ligne Herbebois-Bois d'Haumont au début jusqu'à atteindre le front définitif Esnes-Bois d'Avocourt, l'attaque allemande porta sur un saillant des lignes françaises. Cette disposition qui a pu étonner certains officiers apparaît naturelle si l'on observe que les Allemands opéraient contre un objectif limité. Au contraire, pour une attaque prétendant à la rupture définitive du front, l'attaque sur un rentrant s'imposait. Les raisons de ces faits paraissent suffisamment évidentes pour qu'il n'y ait pas lieu d'y insister : dans le premier cas, concentration des moyens de l'assaillant amenant la réduction du point visé ; dans le second cas, au contraire, le rétablissement de l'adversaire sur la corde de l'arc attaqué marquerait l'insuccès de l'opération.

Au point de vue local, on peut signaler les particularités suivantes : terrain mouvementé particulièrement favorable à l'utilisation des pièces à tir courbe nombreuses chez nos adversaires et présence des bois qui, séparés par de larges intervalles, ne gênaient que peu leur tir de réglage tout en leur assurant un moyen naturel de cacher leurs batteries.

2o PRÉPARATION ET FORME DE L'ATTAQUE. — Préparée de longue main, dès le mois d'octobre, nos avions signalent la création *d'antennes de voie ferrée qui, avec un seul transbordement, permettaient d'amener d'Allemagne jusqu'à 500 mètres des premières lignes les approvisionnements de toute nature.* Dans la zone d'attaque et sur tout le pourtour Nord de la place, les travaux d'organisation marchaient de pair avec les organisations de voie ferrée : création de places d'armes, d'abris très profonds à destination aussi bien défensive qu'offensive ; très peu de travaux nettement offensifs. Dans ce genre, nos photographies ne nous montraient guère que des coupures de réseaux.

Est-ce à dire que la surprise attendue fut réalisée aussi complètement que le désirait le haut commandement allemand ? Évidemment non. L'activité de création et d'exploitation des voies ferrées signalée par les aviateurs, la construction des batteries casematées, blockhaus, etc., qui malgré tout n'échappèrent pas à nos observateurs terrestres, l'activité des travaux décelée par les bruits et les indices de tous genres signalés par nos troupes de première ligne et enfin les rapports des déserteurs nous permirent de pénétrer, en partie au moins, les desseins du commandement allemand.

Préparée dès le début sur tout le front, Étain-Bois d'Avocourt, de manière à pouvoir prendre suivant les circonstances toute extension utile, l'attaque fut conçue en vue d'être faite le plus économiquement possible en troupes d'Infanterie, sauf à compenser cette économie par une prodigalité de munitions inconnue jusqu'à ce jour.

Tout au début, le 21 février, l'attaque eut son front limité entre l'Herbebois et le Bois d'Haumont, s'étendit le 25 jusqu'à Ornes pour prendre le 9 avril l'allure d'une attaque générale s'étendant jusqu'au Bois d'Avocourt.

Débuter par une attaque partielle fut une faute pour les Allemands qui, procédant par une attaque générale au début, devant un front relativement faible, en dehors des ouvrages de la place, d'ailleurs en partie désarmés, et avant qu'un afflux suffisant de réserves ait pu intervenir auraient pu enregistrer un gros succès. Par contre, l'équilibre ayant eu le temps de se rétablir, au moins en partie, l'attaque générale du 9 avril fut une faute également ; il fallait alors procéder par des attaques partielles successives.

3º ORGANISATION DE L'ATTAQUE. — Les fronts affectés aux Divisions ont varié suivant l'importance de leur tâche depuis 1.000 mètres jusqu'à 2.500 mètres. Pour les Divisions auxquelles était impartie une tâche lourde, l'organisation était conçue de manière à assurer au Commandement une permanence de plusieurs jours sur le champ de bataille. La Division était renforcée au cours même des attaques. On sait que le Commandement français préféra adopter une solution complètement différente cherchant à ne pas épuiser complètement les Divisions avant de les retirer, ce qui leur enlève pour assez longtemps leur valeur. Bien que le procédé du Commandement allemand puisse paraître présenter quelques avantages, il faut reconnaître qu'il s'est mis à faire comme nous, ce qui juge dans l'ensemble la valeur comparée des deux procédés.

4º PRÉPARATION PAR L'ARTILLERIE. — Caractérisée par sa violence extraordinaire, l'emploi à peu près exclusif des gros calibres, la discrétion absolue des réglages et le résultat considérable qu'elle obtint malgré sa courte durée, résultat dû à la rapidité de tir du matériel employé [1]. Elle a consisté en un bombardement violent des points d'appui visés avec barrage en arrière et bombardement de toute la zone arrière où les Allemands supposaient établis les Réserves, les Batteries, les Postes de Commandement. Les tirs furent faits par concentration sur zones larges, sur les emplacements supposés de Batteries et de Réserves ; sur zone étroite ou même en tir de précision sur les objectifs les plus importants bien repérés, tranchées de première lignes ou Batteries.

Les résultats obtenus furent les suivants :

1º Sur les Batteries du début, peu nombreuses, bien casematées, sur une zone large, sans efficacité. Il n'en fut plus de même dans la suite où la forte densité des Batteries peu ou mal protégées permit au tir sur zone large d'obtenir un résultat considérable ;

2º Sur les tranchées et abris, résultats considérables lorsqu'il existait des vues directes, médiocres ou nuls sur les organisations en contre-pente. Ce résultat confirmait l'expérience acquise en Artois et en Champagne ;

3º Sur les communications, routes, pistes et ravins, ils empêchèrent les ravitaillements et les réserves de passer. L'absence de boyaux est pour beaucoup dans ce résultat qui, il ne faut pas l'oublier, a été obtenu par un simple tir sur zone large.

5º EXÉCUTION DE L'ATTAQUE D'INFANTERIE. — Caractérisée par la recherche de l'économie du personnel. Les Allemands ont atteint ce but par les dispositions suivantes :

1º En donnant aux troupes d'assaut des objectifs limités et de peu de profondeur ;

---

[1] Il paraît intéressant de citer quelques chiffres à titre documentaire. Les points d'appui furent écrasés avec les calibres 150, 210, 280, 305. Les calibres supérieurs au 305 furent employés uniquement contre les observatoires, les forts et les ouvrages.

Les Batteries de 77 furent en très petit nombre. Les calibres les plus usités (3/5) furent le 150 et le 210, puis le 105, le 130, le 240, le 280, le 305, le 380 et le 420.

Toutefois, il convient de mettre en garde contre l'exagération du rigorisme de ce procédé. Bonne en soi, la méthode doit être contrebalancée par un système de reconnaissances permettant aux exécutants de conserver leur initiative.

2º En organisant prudemment l'assaut ; éviter les masses profondes et faire précéder les vagues de reconnaissances ;

3º En proportionnant les effectifs d'assaut à l'importance des objectifs à atteindre.

6º Enseignements a tirer. — De l'étude précédente, il est intéressant de résumer quelques enseignements :

1º En ce qui concerne l'organisation du terrain : importance d'établir un réseau ferré puissant, recherche d'une organisation du terrain d'attaque ne décélant pas les projets. Notamment, lorsque la chose est possible, c'est-à-dire devant un adversaire ne pouvant pas disposer de barrages intenses, il y a intérêt à supprimer les parallèles de départ, même lorsque la première parallèle de l'organisation est relativement lointaine ; ainsi à l'attaque Herbebois-Bois d'Haumont, les Allemands sont partis à une distance de 600 à 800 mètres. Il ne faudrait pas par contre tomber dans l'exagération de certains qui avaient, à la suite de ces affaires, déclaré l'inutilité de ces parallèles. Les Allemands eux-mêmes nous ont montré que, devant un adversaire fortement armé, ils savaient y revenir (Mort-Homme, Cote 304, Vaux). On conciliera le légitime désir de masquer les projets d'offensive avec l'élémentaire prudence qui invite à ne pas sous-estimer la valeur défensive de l'adversaire en construisant, dès la période défensive, la parallèle de surveillance à une distance de l'ennemi telle qu'elle puisse, dans des conditions normales, servir de parallèle de départ ;

En thèse générale, organiser sur la plus grande longueur possible tout le dispositif, y compris les communications, de telle sorte que, sans modifications apparente, il puisse passer au rôle offensif ;

2º Pour ce qui est de l'organisation du Commandement, des relèves et des effectifs, il n'y a rien à ajouter à ce qui a était dit au cours même de l'étude précédente ;

3º En ce qui concerne la préparation d'Artillerie, l'attention doit être appelée sur les points suivants :

a) Contre des batteries en petit nombre et bien casematées, proscrire le tir sur zones larges.

Contre des batteries nombreuses et mal casematées, le tir sur zone large, suffisamment nourri, peut donner des résultats convenables.

Le tir sur zone étroite [1] est dans tous les cas préférable.

b) Sur les tranchées et abris : nécessité d'avoir des observatoires terrestres pour obtenir un résultat intéressant. Tir sur zone étroite.

c) Sur les communications, l'emploi efficace du tir sur zone large en l'absence de boyaux démontre au premier chef l'importance de ceux-ci.

Terminons par l'énoncé des conclusions générales suivantes, empruntées littéralement à l'Étude du G. A. C., *Enseignement à tirer de la bataille de Verdun* :

« En réalité, la préparation d'Artillerie, fonction de l'organisation ennemie, ne revêt pas une forme intangible. Dans la guerre de mouvement, contre un ennemi à découvert, elle sera large et comportera surtout du tir d'arrosage.

« Contre des organisations précaires, sans boyaux, on combinera l'arrosage de l'arrière avec le pilonnage des centres de résistance et des tranchées de l'avant.

---

[1] Le tir sur zone étroite, dit « pilonnage », est devenu de plus en plus nourri au fur et à mesure de l'extension de la bataille de Verdun. Pour l'attaque de la Cote 304, en avril 1916, les Allemands ont réuni 100 batteries lourdes pour un front d'attaque de 1.200 mètres et une profondeur de deux lignes. Avec le développement croissant de l'A. T., ce rôle de pilonner des premières lignes lui est de plus en plus imparti. Elle est le véritable instrument correspondant à ce genre de besoin.

« Contre des organisations très fortes comportant de multiples tranchées, de bons abris, de nombreux boyaux, on agira encore par concentration, mais ces concentrations seront effectuées sur zone étroite et précédées de réglages précis. »

III. — Attaque de la 3e D. I. C. le 1er juillet 1916

Le récit de l'attaque, ainsi que la description des diverses dispositions prises, sont empruntés textuellement à la conférence faite au C. E. G., en août 1917, par le Commandant Leroy. (Voir Planches II et III.)

« La 3e D. I. C. partant des tranchées à l'Ouest de Becquincourt-Dompierre, sur un front d'environ 2.700 mètres avait comme objectif final la lisière Est de Flaucourt, Assevillers et le Nord d'Estrées.

On devait s'organiser sur les positions conquises ; mais ces dernières ne devaient pas être enlevées d'un seul élan : la progression devait s'effectuer au moyen d'attaques successives de chacune des positions, la conquête de chaque position étant suivie de son organisation et d'une nouvelle préparation d'Artillerie sur la suivante. Le premier objectif de la 3e D. I. C. était en conséquence limité à la conquête de la première position ennemie : tranchées au Nord de Becquincourt, lisière Sud-Est du village, Ferme Bussus ; le deuxième objectif comportait l'enlèvement de la deuxième position : tranchée au Nord et au Sud d'Assevillers ainsi que le village lui-même.

L'attaque fut déclenchée le *1er juillet à 9 h. 30* ; dès le début de l'après-midi, elle atteignait son premier objectif et en prenait possession.

L'élan et l'entrain de l'Infanterie Coloniale sur la première position avaient été tels, la première position avait été enlevée et nettoyée avec une telle facilité, que les exécutants demandèrent à profiter de la surprise de l'ennemi, à ne pas attendre l'achèvement de la préparation d'Artillerie sur la deuxième position, cependant insuffisamment désorganisée, mais à se porter de suite vers cette deuxième position.

On s'installa donc sommairement sur la troisième ligne de la première position, au Sud de Becquincourt, entre le moulin et la ferme Bussus, pendant que les territoriaux et les troupes du Génie raccordaient les boyaux de liaison entre les tranchées allemandes et françaises et entreprenaient la réparation des routes. Et, dans l'après-midi du 1er juillet, pendant que des reconnaissances partaient vers la deuxième position, sous la protection de l'Artillerie, pour compléter à la cisaille les brèches nécessaires dans les réseaux, les éléments de tête entreprenaient contre l'ennemi la lutte dans les boyaux vers la deuxième position.

Au cours *de la nuit du 1er au 2*, ils étaient parvenus par le boyau de la Faim *jusqu'à la tranchée Brunehilde*, première ligne de la deuxième position ; soutenus à peu de distance par des compagnies de réserve installées dans les éléments de tranchées à l'Ouest, ils continuèrent, malgré quelques contre-attaques, la progression à la grenade dans la tranchée Brunehilde ; cette tranchée se trouvait entièrement en notre possession le 2 au soir.

Pendant la nuit suivante, les troupes en arrière poursuivaient l'organisation de la tranchée ébauchée la veille, et le 3 au matin celle-ci se présentait sous la forme d'une tranchée continue précédée de réseaux Brun, qui eut fourni une excellente base de départ pour l'assaut sur la tranchée Brunehilde. En fait, on n'eut pas à l'utiliser dans ce but ; grâce au combat pied à pied à la grenade et à l'appui du 58 qui avait suivi de près son Infanterie, la deuxième position ainsi que le village d'Assevillers étaient complètement entre nos mains le 3 au matin.

Des reconnaissances sont poussées en avant le 3 juillet ; elles montrent que le terrain est libre ; les troupes continuent à avancer, les réserves viennent occuper la deuxième position ; le 3 à midi, le village de Flaucourt était enlevé à la suite d'un coup de main heureux et dans la soirée une ligne de tranchées continues rejoignait la sortie Est d'Assevillers à la sortie Sud de Flaucourt.

La conquête de ces positions avait coûté à la 3e D. I. C. moins de 1.000 hommes et lui procurait un butin de 4.800 prisonniers et 36 canons.

Nous allons examiner brièvement les dispositions prises par la 3e D. I. C. pour obtenir ce brillant résultat.

DISPOSITIF D'ATTAQUE. — La distance de la première parallèle de départ à la première ligne ennemie variait de 300 à 400 mètres. La densité des vagues fut réglée d'après le but à atteindre, moins forte à la lisière Ouest de Dompierre, plus forte à hauteur des extrémités Nord et Sud du village, qu'il fallait encercler. Les réserves de Régiment (2 Compagnies par Régiment) et les réserves de Brigade (1 Bataillon par Brigade) étaient réparties de façon à étayer l'ensemble du dispositif d'attaque, à favoriser aux ailes l'action d'enveloppement.

Les deux Bataillons de réserve de la Division étaient placés en arrière à peu près au centre du dispositif, à des distances variant de 2 à 3 kilomètres du front.

PLACEMENT DU DISPOSITIF D'ATTAQUE. — En raison de la proximité des lignes françaises et allemandes, il n'y eut besoin de construire de parallèle de départ que dans la partie au Sud-Ouest de Dompierre ; le travail consista à réunir sur plusieurs centaines de mètres les postes d'écoute placés en avant de la tranchée de première ligne.

Les vagues trouvèrent facilement place dans les tranchées successives et les boyaux existant déjà ; le nombre des abris ne fut guère augmenté. On utilisa dans la plus large mesure, pour l'emplacement des réserves, les tranchées existantes de la troisième ligne et de la position intermédiaire, afin de modifier le moins possible l'aspect des organisations existantes.

Au moment de l'attaque, les vagues ne s'élancèrent pas simultanément ; mais chacune au signal de son chef fut mise en mouvement et dirigée automatiquement sur l'emplacement occupé par la précédente, dès le départ de celle-ci. Les premières vagues débouchèrent en ligne déployée, les autres en petites colonnes par un.

BOYAUX. — Les communications enterrées comportaient à l'arrière, par Brigade, trois boyaux, dont un d'évacuation ; ces boyaux était doublés à l'avant à partir de la deuxième parallèle transversale, située en arrière des réserves de Brigade. A hauteur des premières vagues, ils étaient en grand nombre.

P. C. ; P. O. ; LIAISONS. — Le plan de déplacement des P. C. et des P. O. soigneusement dressé fut strictement exécuté. Les liaisons téléphoniques furent installées au fur et à mesure de la progression et causèrent peu de déboires.

Les coureurs furent employés avec succès sans grandes pertes.

DÉPOTS DE MATÉRIEL. — Des dépôts de matériel avaient était constitués à l'avant, à proximité de la parallèle de départ, auprès des P. C. de chacun des Commandants de Régiments et de Bataillons de première ligne. Ils contenaient surtout des sacs à terre, du réseau Brun, des munitions, des grenades, des vivres et des tonneaux d'eau.

CAMPS. — Les ressources en cantonnements étant insuffisantes, de nombreux camps avaient été établis à 4 ou 5 kilomètres en arrière de la première position (baraques, tentes). Les ressources en eau avaient été également considérablement augmentées.

ARTILLERIE. — L'Artillerie avait prévu son déplacement. De nouvelles positions de Batteries avaient été aménagées, un emplacement avait même été piqueté entre les lignes françaises et allemandes. Mais, en raison de la rapidité de la progression, l'Artillerie au cours de ses bonds dut se contenter d'installations très sommaires ou inexistantes. Elle subit en conséquence des pertes assez lourdes.

Chaque Batterie était munie d'outils en nombre suffisant (pelles, pioches, cisailles) et de ponts volants portés sur des caissons. Sur les itinéraires fixés et jalonnés aux points de traversée des tranchées, avaient été préparés des outils et des matériaux. Le franchissement s'effectuait par voitures en comblant la tranchée et en recouvrant la terre molle de remblaiement par des rondins ou les ponts volants.

Communications arrière. — Le réseau routier put être rapidement réparé, à la traversée des lignes surtout, grâce à la proximité des localités dont les décombres purent être utilisés. L'expérience confirma l'importance primordiale que comporte la réparation immédiate des routes, boyaux, pistes et voies ferrées pour assurer le ravitaillement.

Il avait été prévu la construction d'une voie de 0 m. 60 avec débit journalier de 1.000 tonnes environ par C. A. L'installation ne put être terminée à temps. Les antennes de voie de 0 m. 40 construites par la 3e D. I. C. jusqu'au voisinage de la tranchée de départ n'étaient pas non plus terminées lors de l'attaque. On eut à le regretter.

Enseignements à tirer

Le placement des vagues d'assaut à 300 ou 400 mètres put être fait sans gros travaux nouveaux grâce à la présence de lignes successives préexistantes en nombre assez considérable dans l'organisation défensive de la région. Les abris destinés aux troupes d'attaque furent du type léger et non à l'épreuve. Jusqu'à un certain point cette solution put être utilisée, faute d'abris à l'épreuve. Dans le même ordre d'idées, l'abri peut se réduire à une tranchée très profonde et étroite. Les Batteries avaient été camouflées de telle sorte qu'aucune ne fut décelée avant le début de l'opération. Toutefois, il faut, pour juger utilement la question, tenir compte de ce que l'aviation ennemie était nettement inférieure à la nôtre pendant cette partie des opérations.

Comme en 1915, on peut admettre que le développement des boyaux aurait pu être moins considérable à l'arrière.

En ce qui concerne la poursuite de la progression, importance capitale de la remise en état des routes, pistes et boyaux et de l'installation après chaque bond sur une position qu'on organise comme on peut mais qui doit avoir une profondeur réalisée par au moins deux lignes, si l'on ne veut pas être à la merci d'une contre-attaque un peu vigoureuse. L'installation doit être faite à bonne distance de l'objectif suivant. En ce qui concerne l'Artillerie, pour éviter des pertes sévères, prévoir très sérieusement, dès l'origine, l'organisation d'installations rapides au cours de la progression.

Des conclusions analogues seraient à tirer de l'attaque du 7e C. A. du 11 août au 12 septembre 1916 devant Bouchavesnes et des attaques françaises des 24 octobre et 15 décembre 1916 devant Verdun.

D'autres attaques effectuées en 1916 sur des fronts plus limités parurent ne pas donner les résultats attendus. Aussi le G. Q. G. fit-il paraître son Instruction du 16 décembre 1916 qui, jusqu'au mois d'août 1917, resta la directive règlementaire des opérations offensives.

IV. — Attaque du 17e C. A. le 17 Avril 1917 [1]

Récit sommaire de l'attaque du 17e Corps d'Armée. — L'attaque des hauteurs du massif de Moronvilliers par la IVe Armée, décidée à la fin de mars pour le milieu d'avril, était combinée avec les opérations des Ve et VIe Armées sur l'Aisne ; elle avait pour but d'atteindre la Suippes et, en cas de succès de l'opération principale, de relier, vers Pont-Faverger, la IVe Armée avec la droite de la Ve. C'était une opération à objectif limité, préparée en peu de temps et capable par conséquent, dans une certaine mesure, de réaliser sur l'ennemi un effet de surprise dû à la rapidité de concentration des moyens matériels.

---

(1) Étude empruntée à la conférence, déjà citée, du Commandant Leroy.

Tandis qu'une attaque secondaire à l'Est d'Aubérive devait couvrir la droite et faire tomber Aubérive par encerclement, les 8e et 17e C. A., par une attaque frontale principale, devaient le jour de l'attaque enlever toutes les organisations et batteries de l'ennemi sur le massif de Moronvilliers.

Le 17e C. A., comprenant sur un front de 8 kilomètres à droite la Division marocaine, au centre la 33e D. I., à gauche la 45e D. I., avait comme objectif, au bout d'une première phase : Bois de la Sapinière, Bois Noir, Bois de la Cote 144 et les tranchées sur les pentes Nord du Téton, du Casque et du Mont-Haut.

Une deuxième phase devait l'amener sur le front : Bois 82, tranchées de Bétheniville et du Vinaigrier ; cette phase devait être ultérieurement poussée jusqu'à la Suippes.

La première phase seule fut réalisée par suite de l'arrêt des opérations de la Ve Armée.

Après une préparation minutieuse d'Artillerie sur les positions à enlever, la progression de l'Infanterie devait s'effectuer par bonds sur des lignes fixées à l'avance, sous la protection de barrages méthodiques précédant les vagues ; à la fin de chaque bond, les troupes devaient être remises en ordre sous la protection d'un barrage fixé sur le front d'attaque. L'amplitude des bonds variait de 1.000 à 1.500 mètres.

L'attaque fut déclanchée le 17 avril après une préparation d'Artillerie qui avait duré neuf jours. Elle s'effectua dans les conditions prévues.

A gauche, les 45e et 33e D. I. atteignirent sans pertes sensibles les objectifs fixés pour la première phase. Mais à droite, la Division marocaine éprouva dans les tranchées du Golfe et du Bois Noir de sérieuses résistances. Des mitrailleuses ennemies terrées dans les abris-cavernes et souterrains des bois de la Cote 144, qui avaient échappé au bombardement, se révélèrent dès le deuxième jour et arrêtèrent la progression de cette Division sur le front Bois Noir-Tranchée des Gascons d'Eon.

Malgré la quantité considérable de projectiles dépensés, le pilonnage des objectifs de la deuxième phase fut insuffisant ; l'Infanterie ne put progresser sur les contre-pentes au-delà des observatoires : Téton, Casque, Mont-Haut, Cornillet, qui furent successivement occupés, perdus, repris.

Du 25 avril à fin mai, il fallut plusieurs actions locales montées de toutes pièces par une ou plusieurs Divisions pour assurer la possession de la ligne des hauteurs, possession encore disputée d'ailleurs à l'heure actuelle.

Comment fut réalisé l'aménagement du terrain par le 17e C. A. avant et pendant la préparation, c'est ce que nous allons rapidement examiner.

En raison du peu de temps disponible (quatre semaines) qui séparait l'ordre d'attaque et la date fixée pour l'action, on réduisit au minimum les travaux d'aménagement et le principal effort se porta sur les voies de communication, en particulier l'aménagement des pistes et la création des routes.

PLACEMENT DU DISPOSITIF D'ATTAQUE. — Le dispositif d'attaque était le suivant : dans chaque Division, les Régiments étaient accolés ; chacun d'eux, sauf le 7e Tirailleurs de la Division marocaine avait un Bataillon en première ligne ; chaque Division avait placé deux Bataillons en réserve de Brigade ; comme réserve à leur disposition, les deux Divisions de droite n'avaient conservé qu'un Bataillon ; la 45e en avait gardé trois.

Afin d'assurer au dispositif d'attaque une base de départ convenable, le système des tranchées de première ligne existant avait été complété par les liaisons indispensables entre les lignes latéralement et en profondeur. Ce travail de peu d'importance put être fait sans attirer l'attention de l'ennemi.

BOYAUX. — En ce qui concerne les boyaux, on avait d'abord projeté de réaliser un boyau par Bataillon d'Infanterie de première ligne et un boyau d'évacuation par secteur de Division.

En fait, on n'établit par Division que trois boyaux ascendants et un boyau d'évacuation. Les boyaux ascendants ne furent guère poussés en arrière au-delà de la ligne de couverture de l'Artillerie (3 à 4 kilomètres de la première ligne) ; les boyaux d'évacuation seuls furent poussés jusqu'à la deuxième position.

Toutes ces communications furent établies en utilisant sur leur plus grand parcours des tranchées et boyaux déjà existants. Les parties découvertes furent creusées d'un seul coup en une ou deux nuits de travail et vers la fin des travaux d'aménagement de manière à ne déceler les préparatifs à l'ennemi qu'au dernier moment.

Le travail fut exécuté par les Divisions ; il représentait environ 10 kilomètres de boyaux à créer (dont 4 kilomètres de nuit) et 12 kilomètres de boyaux à améliorer, soit environ 20.000 journées de travailleurs [1].

RACCORDEMENT DES BOYAUX AVEC LES BOYAUX ALLEMANDS. — Les raccordements entre les boyaux français et allemands avaient été étudiés parfaitement à l'avance. Dans chaque Division, un ordre d'urgence avait été établi d'après l'importance de la circulation prévue et les ressources en travailleurs. Le travail fut entrepris dès que les progrès de l'attaque le permirent. En fait, malgré le bouleversement produit par le pilonnage, les boyaux allemands furent rapidement déblayés et purent être très vite utilisés. Ultérieurement seulement, le système de boyaux fut perfectionné par des éléments creusés directement dans le sol non remué.

ROUTES. — Le secteur d'attaque ne comportait qu'une route perpendiculaire au front, celle de Baconnes à Prosnes. Deux routes de 5 mètres de largeur, permettant la circulation dans les deux sens, furent créées de toutes pièces par le Génie de Corps et des Compagnies de Génie de l'Armée.

L'une partait de Baconnes et aboutissait à la voie romaine vers le village Gascon ; son prolongement dans la direction du Mont-Sans-Haut était prévu et préparé. Les quatre premiers kilomètres furent exécutés en 10 jours ; ils étaient terminés à temps pour l'attaque. Malgré la réaction ennemie, cette route put être, pendant la période de l'attaque, prolongée sur trois kilomètres jusqu'au Nord du Mont-Sans-Nom.

L'autre route fut exécutée pendant la période d'attaque, de la Ferme Constantine jusqu'au Bois Marteau.

Partout où cela fut possible, les deux routes créées furent empierrées et cylindrées ; là où le terrain était bouleversé et trop meuble, elles furent établies en madriers et rondins.

PISTES D'INFANTERIE ET D'ARTILLERIE. — Le programme relatif à l'aménagement des pistes d'Infanterie et d'Artillerie comprenait dans chaque Division :

1° Des itinéraires d'Infanterie permettant la circulation des réserves en dehors des boyaux ;

2° Des pistes au nombre minimum de deux par Division, praticables à l'Artillerie de campagne et perpendiculaires au front ;

3° Des pistes de rocade.

Ce programme put être entièrement réalisé.

Les passages sur les tranchées et boyaux rencontrés furent établis par le Génie Divisionnaire au moyen de passerelles construites à l'avance et juxtaposées pour le passage en colonne par un, deux, trois ou quatre de l'Infanterie et pour celui des voitures légères.

Les pistes d'Artillerie furent prolongées jusqu'au delà des premières lignes avec ponceaux en rondins pour le franchissement des boyaux.

Le matériel nécessaire à ces passages et au prolongement des pistes d'Artillerie avait été préparé à l'avance et rassemblé dans les dépôts de Génie avancés.

---

[1] Ce chiffre serait trop faible pour des boyaux amenés au profil type des grands boyaux. (C¹ B.)

Jalonnement des boyaux et pistes. — Des pancartes indicatrices en grand nombre, fabriquées à l'avance, d'un gabarit uniforme, furent établies le long des boyaux et des pistes pendant la préparation et au cours de la progression.

La préparation des pistes, le jalonnement, la création des passerelles et moyens de franchissement nécessitèrent 7.000 journées de travailleurs.

P. C. ; P. O. ; Observatoires ; Emplacements de Batteries. — Étant donné le faible délai d'exécution des travaux, il ne fut prévu pour les P. C., les P. O., les troupes et Batteries de renforcement que les travaux indispensables.

Ils se bornèrent à :

La création des P. C., observatoires, dépôts de complément nécessaires ;

L'aménagement des emplacements de Batteries de renforcement ;

La préparation et le camouflage très soigné des passages, passerelles et ponts volants pour les déplacements d'Artillerie ;

L'installation des emplacements d'A. T. en vue d'un large emploi de cette arme.

Voie de 0 m. 60. — Le réseau de voie 0 m. 60 présentait dans le secteur, rattaché à une seule antenne venant de Mourmelon, un tracé général parallèle au front d'attaque. Ce tracé, destiné à desservir un secteur défensif, se terminait par deux antennes perpendiculaires au front, aboutissant l'une à la Ferme de Moscou, l'autre à la Ferme du Puits.

On se borna à aménager la voie existante et à poursuivre, d'ailleurs très lentement, le prolongement de ces antennes qui fut ultérieurement poussé jusqu'au Mont-Sans-Nom et à l'Ouest du Mont-Perthois.

Il fut impossible de faire plus, en raison du court délai accordé pour la préparation, du manque d'équipes jeunes entraînées à la pose de la voie sous le feu et la pénurie de matériel de voie de 0 m. 60.

Dépot de matériel du Génie. — Les dépôts de matériel avaient été organisés de la façon suivante :

Pendant la période de préparation :

a) Un stockage de matériel de C. A. avait été constitué au terminus de la voie normale à Mourmelon. Il permit d'alimenter les divers dépôts avancés par voie de 0 m. 60, par camions-autos, par voitures hippomobiles ;

b) Dans chaque D. I., un dépôt divisionnaire était chargé de fournir le matériel du Génie à l'Infanterie et au Génie de D. I ;

c) Dans chaque groupement d'A. L. ou d'A. D. un dépôt de matériel du Génie approvisionnait les Batteries du groupement (trois dépôts d'A. D., deux dépôts d'A. L.) ;

d) Un dépôt avait été constitué pour chaque Régiment d'Infanterie ; ces dépôts se trouvaient placés au terminus de la voie de 0 m. 60 ou à proximité d'une route praticable aux camions-autos ;

e) Chaque Bataillon de première ligne avait en outre un dépôt avancé.

Pour la période d'attaque. un dépôt de C. A. avait été constitué à Baconnes sur la voie de 0 m. 60, au carrefour de la route Baconnes-Prosnes et de la nouvelle route Baconnes-Village-Gascon. Ce dépôt était destiné à servir de volant entre le stockage d'Armée de Mourmelon et les dépôts avancés.

Deux dépôts avancés de C. A. furent en outre organisés le long de la voie romaine, l'un à la Ferme de Moscou, l'autre au bois du Puits. Ils étaient destinés à fournir ultérieurement les D. I. et l'Artillerie, en cas de progression au-delà des crêtes.

Tous ces dépôts de C. A. furent organisés avec de larges quais d'accès, parallèles et courants de circulation sans croisement, de façon à permettre indistinctement et simultanément l'emploi de tous les moyens de transport utilisables et l'enlèvement du matériel indifféremment par voie de 0 m. 60, par camion, par voiture hippomobile.

Enseignements à tirer de l'attaque du XVIIe C. A.

PLACEMENT DU DISPOSITIF D'ATTAQUE. — Pour ne pas signaler à l'ennemi les projets en cours, on n'avait pas construit de parallèles spéciales de départ et on s'était contenté de compléter le réseau de tranchées et boyaux existant en première ligne pour assurer les liaisons indispensables.

L'absence de parallèles de départ obligea à commencer l'attaque un peu avant le jour afin que les premières vagues puissent franchir dans l'obscurité les 500 ou 600 mètres qui, sur certains points, séparaient les deux lignes. En raison des circonstances atmosphériques, l'attaque partit dans la nuit noire et il en résulta, sur quelques points, une certaine désunion dans les lignes avant même l'abordage de l'ennemi, qui se produisit dans la nuit.

D'autre part, la réaction d'Artillerie ennemie avant l'opération fut assez vive, sans doute en raison de la longueur de la préparation qui dura neuf jours et permit à l'ennemi de déplacer une partie de ses Batteries et de les renforcer.

Les circonstances atmosphériques ou autres pouvant amener une prolongation de la préparation d'Artillerie, il est, toujours nécessaire de prévoir la mise à l'abri du dispositif de combat.

BOYAUX. — Le nombre adopté pour les grands boyaux, par Division trois boyaux ascendants et un boyau d'évacuation, sur une longueur de trois kilomètres environ à partir du front, paraît suffisant pour amener, sans perte, les troupes d'attaque depuis la ligne de couverture de l'Artillerie jusqu'à leurs emplacements de départ.

VOIES DE COMMUNICATION; TRANSPORTS. — Une route empierrée ou en madriers, perpendiculaire au front d'attaque est nécessaire dans chaque secteur de D. I. pour permettre la circulation dans les deux sens des poids lourds, tracteurs d'A. L., etc., et assurer les ravitaillements ainsi que la constitution des dépôts. Ces routes doivent être poussées au contact de la ligne des Batteries avancées et leur prolongation dans la ligne ennemie doit être prévue et préparée avant l'attaque.

La voie de 0 m. 60 n'a donné qu'un rendement insuffisant ; on dut, pour assurer les transports, faire un très large emploi des camions-autos. Tous les approvisionnements nécessaires à l'exécution de la première phase purent être cependant rassemblés en temps utile ; mais il est probable que si l'opération avait été continuée, le manque de voie de 0 m. 60 aurait présenté de graves inconvénients dans un terrain bouleversé par le pilonnage et devenu boueux, donc impraticable aux camions à cause du mauvais temps.

V. — Attaque du Chemin des Dames
(Opérations du XXIe C. A., dites de la Malmaison)

CONDITIONS GÉNÉRALES DE L'ATTAQUE. — L'objectif général était la conquête au jour J, des plateaux de Vaudesson et de Chavignon (Pl. V).

Deux objectifs successifs avaient été donnés par l'Armée, celle-ci disposant de l'heure d'attaque sur chaque objectif, mais laissant aux Généraux Commandant les C. A. l'initiative de l'introduction des objectifs intermédiaires correspondants et des heures d'attaque de ceux-ci.

Front de départ : 2.200 mètres ; *front d'arrivée* : 3.500 mètres ; profondeur de progression le jour J : 3 kilomètres, profondeur réalisée le jour J + 2 : 5 kilomètres à 5 kilomètres 1/2.

1er *objectif* : Première position allemande y compris le saillant de la Loute ;

2e *objectif* : Seconde position allemande.

Le départ sur le second objectif eut lieu 4 heures après le départ sur le premier objectif. Ce délai donna satisfaction, les opérations de nettoyage sur le 1er objectif n'ayant été terminées que plus de trois heures après le déclenchement initial. Ces nettoyages avaient fait l'objet d'un soin tout particulier pour éviter le retour des inconvénients consécutifs à leur insuffisance, lors d'opérations antérieures. Les Compagnies Z et Schilt en faisaient partie. Ces dernières furent très appréciées, les Compagnies Z le furent moins.

CHARS D'ASSAUT. — On fit usage de *chars d'assaut* dont l'influence morale fut considérable : pertes faibles, mais les pannes et les chûtes dans les entonnoirs profonds réduisirent de moitié leur effectif.

MITRAILLEUSES D'INTERDICTION. — Il fut fait un gros usage des *mitrailleuses* opérant de l'interdiction par tirs indirects (1.300 mitrailleuses se relevant entre elles, du jour $J - 3$ au jour $J + 3$).

ARTILLERIE. — Un dévelopement inconnu jusqu'à ce jour fut donné à la puissance de l'Artillerie engagée, tant à cause de la difficulté du terrain, que pour des causes d'ordre moral.

Sur le front du XXIe C. A. on trouva :

> 1 pièce de 75 par 11 mètres ;
> 1 pièce d'A. T. par 38 mètres ;
> 1 pièce d'A. L. de destruction par 15 mètres ;
> 1 pièce d'A. L. de contre-batterie par 22 mètres.

Soit une pièce par 4 m. 50.

A côté de chaque Lieutenant-Colonel commandant un Régiment d'Infanterie se trouvait un Lieutenant-Colonel commandant un Groupement d'Artillerie, sans subordination d'ailleurs. L'occupation des observatoires conquis et la poussée en avant de l'Artillerie avaient été étudiées et furent réalisées d'une façon satisfaisante.

BASES DE DÉPART ET DISPOSITIF DE L'ATTAQUE D'INFANTERIE. — La première parallèle située à une distance de 250 à 300 mètres de la tranchée adverse. Bataillon très tassé sur la tête, abris faits en conséquence, ce qui donna des craintes aux Chefs de Corps qui redoutaient le tir de contre-préparation, mais celui-ci n'eut pas lieu. Le barrage allemand ne s'étant déclenché qu'à $H + 15$ et les soutiens ayant franchi à $H + 10$ les zones de barrage, tout se passa sans difficulté. Il en fut de même pour le passage des lignes.

RÉGIMENTS ACCOLÉS : FRONT 400 MÈTRES. — Dans *chaque Régiment* : un Bataillon conquiert la première position, un second dit de soutien traverse le premier à $H' = H + 4$, conquiert la seconde position et effectue les reconnaissances. Les troisièmes Bataillons sont réserves d'I. D. et de D. I.

PLAN D'ORGANISATION DU TERRAIN. — Le plan d'occupation conçu pour une occupation définitive des observatoires et plateaux de Vaudesson et de Chavignon, fut basé sur la nécessité de la profondeur dans la défense et comporta :

> Une ligne de petits postes ;
> Une ligne de grand'gardes ;
> Une ligne de réserve d'avant-postes ;
> Une ligne de réserve d'I. D.

L'aménagement *comporta par Division* deux boyaux d'adduction et un boyau d'évacuation. Les points d'appui essentiels furent *immédiatement* organisés. (Fermes de la Malmaison et de Vaurains, Carrières Montparnasse et Thomas.)

RÉSEAU ROUTIER ET VOIE DE 0 M. 60. — Réseau routier de la Vallée de l'Aisne assez bon ; voies de pénétration sur la rive droite en très mauvais état. Réseau de 0 m. 60 assez complet, mais de direction générale si peu propice qu'on préféra faire appel aux transports par route malgré le mauvais état de celles-ci.

DIVERS. — Les *liaisons* donnent lieu aux remarques suivantes : jusqu'aux P. C. Bataillon de première ligne fonctionnement à peu près entier des liaisons téléphoniques. Les Commandants de Régiments avaient reçu l'ordre de ne pas se déplacer pendant le combat. Liaison habituelle par T. P. S., T. S. F., sur le détail desquelles nous n'insisteront pas ; réseaux d'ondes entretenues entre les grandes unités.

Forte organisation du système optique et des pigeons-voyageurs, aucun emploi des chiens.

2° *L'interdiction* fut très bien réussie ; 100.000 obus spéciaux pour le C. A. Néanmoins si les corvées et les ravitaillements furent totalement arrêtés, les renforts, encadrés, purent passer.

3° La destruction *totale* dans la zone rapprochée soumise à la fois à l'A. T. et à l'Artillerie lourde est d'autant moins complète qu'on s'éloigne, résultat souvent remarqué d'ailleurs.

Bilan. — Du côté français, 1.250 hommes hors de combat. Les pertes allemandes, en prisonniers seulement, furent de 3.500 hommes au jour J + 2, et fut sûrement dépassées de beaucoup. Un nombre considérable de mitrailleuses en bon état furent prises.

Enseignement à tirer

Cette attaque montée avec des moyens très puissants en Artillerie et conformément aux directives générales actuellement admises et qui sont exposées ci-après, Chapitre III, a réussi. Elle a mis en évidence et confirmé les points suivants :

1° Nécessité d'une profondeur suffisante pour parvenir à la désorganisation de l'Artillerie ennemie ;

2° Possibilité, souvent méconnue, de la permanence à peu près entière des liaisons téléphoniques, même jusqu'au Bataillon. Il suffit pour celà de quelques précautions élémentaires, dont l'une intéressante et peut-être assez neuve : la fixité du P. C. de Régiment ;

3° Utilité de prévoir des objectifs assez profonds pour maintenir les points importants, notamment les observatoires ;

4° Intérêt qu'il y a, à organiser dès la période de calme, des voies ferrées, en vue d'une action offensive. L'omission de cette précaution a placé ici le Commandement dans l'obligation de se passer en grande partie d'un excellent moyen de transport et a mis les ravitaillements à la merci des transports par route, toujours pénibles et jamais à l'abri des intempéries.

CHAPITRE III
Étude des dispositions actuellement adoptées dans l'organisation d'une offensive

---

A) *Préparation et débouché de l'attaque : Considérations générales ; Emploi de l'Artillerie ; Préparation par l'Artillerie ; Dispositions des troupes pour l'attaque ; Emplacement de la parallèle de départ ; Barrages roulants ; Voies de communication ; Dépôts de matériel.*
B) *Organisation du terrain conquis.*

A. — Préparation et débouché de l'attaque

I. — Considérations générales

La physionomie et la marche du combat d'Infanterie à l'attaque d'une position, sont décrits dans le Manuel du Chef de Section d'Infanterie[1], p. 488 et 417, d'une façon suffisamment complète et vivante pour qu'il soit inutile d'y revenir. On trouvera dans le même volume,

---

[1] Édition de 1877. Voir aussi l'Instruction sur le Combat offensif des petites unités, du 2 janvier 1918.

auquel nous renverrons, la description du combat des unités d'Infanterie à l'attaque d'une position jusqu'au Bataillon inclus (p. 417 à 440). Toutefois il faut tenir compte ici de ce que la composition de la Compagnie a été remaniée depuis la rédaction du Manuel et n'en conserver les indications que comme directives.

Nous étudierons seulement dans ce qui suit la répartition des effectifs, en vue d'une attaque. Mais pour suivre l'ordre chronologique il faut commencer par l'étude de la préparation d'Artillerie.

II. — Emploi de l'Artillerie

GÉNÉRALITÉS SUR LE ROLE ET L'EMPLACEMENT DE L'ARTILLERIE. — Le rôle de l'Artillerie comporte deux phases, une première phase, dite de préparation et une seconde phase dite d'accompagnement. Nous étudierons tout d'abord la première et examinerons la seconde concurremment avec l'attaque d'Infanterie.

La nécessité de pouvoir battre non seulement le terrain à conquérir, mais de le défendre après l'occupation, conduit à porter le plus possible en avant les Batteries de l'attaque. Il ne faut pas perdre de vue qu'il est illusoire d'essayer d'échapper à l'action des drachen, sauf à se reporter dans des ravins profonds à 6 ou 7 kilomètres derrière les lignes, ce qui est pour la plupart des pièces inadmissible.

La seule condition, et elle est inévitable, est d'échapper aux vues des observatoires terrestres.

III. — Préparation par l'Artillerie

L'expérience a montré qu'aucune attaque ne peut réussir, sans une sérieuse préparation par l'Artillerie, permettant de frayer un passage aux troupes d'attaque.

Celle-ci comporte, quant au but à remplir, trois genres de tir :

1º Les *tirs de contre-batterie* visant la destruction des Batteries ennemies et non pas seulement leur neutralisation ; car, non détruite, l'Artillerie ennemie agirait après l'occupation et c'est précisément dans cette phase qu'on souffre le plus.

2º Les *tirs d'isolement* ayant pour but de couper l'adversaire de la zone arrière empêchant relèves. ravitaillement, etc... On y arrive en battant, de jour et de nuit, les camps et cantonnements, pistes, routes et voies ferrées, P. C., P. O., etc... Ce tir se continue pendant l'attaque elle-même et devient alors un tir d'accompagnement au même titre que le tir d'appui direct dont il sera question ci-après.

3º Les *tirs de destructions*, contre les organisations, tranchées, boyaux, abris, observatoires, etc.

Tandis que par nature les premiers, sauf jusqu'à un certain point des tirs d'isolement. sont du domaine exclusif de l'Artillerie proprement dite, les tirs de destruction sont poursuivis à la fois par l'Artillerie et l'A. T.

De cette rapide étude ressort la nécessité de créer largement des emplacements de Batteries d'attaque. Prendre toutes les précautions pour que ces emplacements ne se dévoilent pas (Cf. offensive de 1915 en Champagne). Il sera bon de les créer, comme d'ailleurs le reste de l'organisation, dès l'installation défensive.

IV. — Dispositions des troupes pour l'attaque

Ainsi que le prescrivent la Note nº 2075, 3º Bureau, du G. A. C., en date du 9 juillet 1917 et le rectificatif du 29 juillet 1917 à l'Instruction du 16 décembre 1916, il convient en vue de disposer d'un nombre suffisant de nettoyeurs de tranchées (Cf. attaque du Cornillet), de ne pas prévoir plus de 400 mètres pour le front d'attaque d'un Bataillon. Nous verrons que des considérations d'Artillerie conduisent au même résultat.

Cela posé le front d'attaque d'une Division pourra varier du simple au double, suivant. la mission à remplir. Dans le cas d'une attaque destinée à entrer profondément dans les organisations ennemies, à enlever une première, puis une deuxième position, il y aura lieu d'adopter un front de 1.000 à 1.200 mètres, l'attaque étant montée par Régiments accolés, les Bataillons, dans chacun d'eux échelonnés en profondeur.

Dans le cas de l'enlèvement d'une position peu profonde 500 à 600 mètres, on pourra espérer aboutir avec une seule ligne de Bataillons d'attaque, ce qui permettra d'opérer sur un front plus large. Il ne faudra pas toutefois dépasser cinq à six Bataillons en ligne.

Les Bataillons de deuxième et de troisième lignes sont disposés en réserve de Régiment ou de D. I.

V. — Emplacement de la parallèle de départ

Les instructions du G. Q. G. donnent comme distance de la parallèle la plus avancée à la ligne à attaquer la valeur de 150 à 4 ou 500 mètres, en préconisant celle de 200 mètres.

Dans la note déjà citée le Général Fayolle préconise la distance de 300 mètres, pour les raisons suivantes :

« 1o L'Artillerie de campagne et l'Artillerie lourde conservent, de jour et de nuit, leur pleine liberté d'action.

« 2o L'Infanterie a à parcourir, pour aborder les positions ennemies, le minimum de chemin compatible avec la nécessité de la préparation d'Artillerie.

« Si on se trouve à une distance moindre, il est nécessaire d'évacuer les premières tranchées, ce qui sera une complication pendant les journées de préparation et surtout au moment du débouché, puisque le feu devra s'allonger avant que l'Infanterie assaillante n'ait gagné la tranchée de départ.

« Pour remédier à ce dernier inconvénient qui est très grave il convient de construire une tranchée de départ intérieure ; mais alors il faut prévoir et organiser le franchissement des tranchées situées en avant.

« Pour cela deux procédés :

« a) *Les passerelles.* — Elles ont l'inconvénient d'être visibles pour les avions ennemis et font prévoir que l'attaque est imminente.

« b) Les escaliers de descente et de remontée creusés dans les parois. Il faut compter un escalier par 10 mètres.

« Si on se trouve à une distance supérieure à 400 mètres, il y a grand intérêt à se rapprocher.

« Si, pour ne pas dévoiler à l'ennemi les préparatifs d'attaque, on préfère partir de loin, il faut bien se rendre compte que les canons de 58 ne peuvent plus faire usage que de la bombe légère de 16 kilogrammes et qu'il ne reste à ces canons qu'une zone d'action très réduite en profondeur.

« Comme d'autre part, on ne peut pas les placer dans la première tranchée, afin de ne pas gêner et encombrer l'Infanterie, leur portée utile se trouve encore diminuée de ce chef.

« Or, renoncer à l'emploi de l'Artillerie de tranchée revient à se priver d'une nombreuse Artillerie tout aussi puissante que notre 155 et qui n'en diffère que par sa portée réduite. »

VI. — Barrages roulants

Nous ne pouvons insister ici sur la technique des barrages d'accompagnement ; nous nous bornerons à exposer les considérations suivantes relatives aux effectifs d'Artillerie à affecter à cet office, cette étude se trouvant en relation étroite avec celle de la répartition des troupes d'Infanterie et par suite, avec la grandeur des fronts d'attaque.

La facilité de marche de l'Infanterie exige que l'Artillerie tire normalement au front d'attaque. D'autre part, on affecte, en général, un groupe à chaque Bataillon d'attaque. Ceci montre en passant que le front d'attaque qui n'exigerait pas de fauchage de la part de l'Artillerie serait de 300 mètres. Déjà avec 400 mètres on s'est trouvé obligé d'avoir recours au fauchage. D'où l'utilité, à ce point de vue, de ne pas dépasser le front de 400 mètres et l'intérêt qu'il y aurait à le réduire si possible. Enfin, si l'on admet que dans la plupart des cas la dotation en Artillerie d'une Division d'attaque ne dépassera pas deux Artilleries divisionnaires renforcées d'un ou de deux groupes d'Artillerie de Corps et qu'il est prudent de conserver, en dehors de l'Artillerie d'accompagnement, une Artillerie assez puissante pour répondre à une contre-attaque, ou remplir toute autre mission imprévue, on est conduit à ne pas conserver aux barrages roulants plus de 3 à 4 groupes, ce qui correspond, pour une Division, à 3 à 4 Bataillons en ligne c'est-à-dire à un front d'attaque de 1.200 mètres en moyenne.

VII. — **Voies de communications**

a) ROUTES ET PISTES. — De l'étude des diverses actions offensives on peut déduire les directives suivantes :

1° Pour l'Artillerie et, en thèse générale, pour les voitures les pistes sont insuffisantes parce que d'une utilisation trop subordonnée aux conditions climatériques.

Pour l'Infanterie créer au moins une piste par grand boyau. La piste se réduira la plupart du temps à un jalonnement avec quelques passerelles de franchissement.

2° Assurer une route de 5 mètres de largeur à chaque secteur de Division d'attaque.

b) BOYAUX. — La question du nombre de boyaux a déjà été envisagée dans l'étude des organisations défensives. On y a même fait ressortir que la question de l'adaptation à l'offensive était celle qui imposait le minimum nécessaire. Il ne parait pas inutile d'y revenir ici en tenant compte notamment des conclusions de l'affaire de la Malmaison.

Dans les offensives antérieures, le front d'attaque des Divisions était couramment de l'ordre de 2.500 mètres, c'est-à-dire précisément de l'ordre de grandeur admis actuellement pour une occupation défensive. Pour ce fait, ainsi qu'il a été dit (*Organisations défensives, Études d'ensemble*, page 37) l'accord s'était fait sur quatre grands boyaux dont un d'évacuation et un des trois boyaux d'adduction aménagé en vue du service de santé. La densité minimum de boyaux depuis l'arrière jusqu'à la ligne de soutien préconisée par l'Instruction du 22 août 1917, à savoir d'un boyau d'adduction et d'un boyau d'évacuation par secteur de Régiment organisé en vue du plan de renforcement, est donc largement suffisant avec ces fronts d'attaque. Les enseignements du Chemin des Dames conduisent aux résultats suivants :

Par front d'attaque de 1.200 mètres, deux boyaux d'adduction et un boyau d'évacuation.

Si donc on admet que le front de secteur d'un Régiment en régime défensif intensif devient un secteur d'attaque de Division, comme permet de l'admettre l'ordre de grandeur de chacun des fronts intéressés, il y aura lieu de porter à deux le nombre de boyaux d'adduction de chaque secteur de Régiment et cela dès l'organisation défensive du secteur.

Dans le cas contraire où les fronts d'occupation de Régiment au régime intensif ne dépassent pas 1.000 mètres et où le Commandement n'envisage pas des fronts d'attaque de Division inférieurs à 1.200 mètres, on voit que le minimum fixé par l'Instruction du 22 août, bien qu'un peu faible, peut être suffisant, sauf à transformer, pour les besoins de l'attaque, l'utilisation de quelques boyaux prévus pour l'évacuation, en boyaux d'adduction, ce qui est sans inconvénient. Il faudra simplement prévoir qu'il pourra y avoir lieu d'augmenter la capacité des P. S. desservis par les boyaux qui continuent à être affectés à l'évacuation.

Pour éclairer ceci par un exemple, supposons un front de 4 kilomètres occupé par quatre Régiments en régime de renforcement et servant de front d'attaque à 3 Divisions, ce qui donne à celles-ci un front d'attaque moyen de 1.330 mètres, évidemment un peu fort, mais de l'ordre de grandeur de ceux qui nous intéressent. Le nombre total des grands boyaux créés par l'organisation défensive sera de :

4 boyaux d'adduction et 4 boyaux d'évacuation.

En principe il suffira donc pour avoir entière satisfaction de créer un grand boyau nouveau sur ce front et de changer la destination de l'un des 4 boyaux d'évacuation, ce qui, en somme, ne paraît pas devoir donner à l'ennemi, d'une façon bien nette, des indications sur le changement d'orientation des desseins de son adversaire. Mais il semble même qu'on puisse se contenter des 8 boyaux existants, en admettant, ce qui paraît fort possible, au moins dans certains cas, que les évacuations de l'une des Divisions latérales se feraient par l'un des grands boyaux du secteur contigu, non intéressé par l'attaque et, à l'intérieur duquel la circulation peut rester assez peu intense, malgré la réaction inévitable d'une attaque voisine, pour qu'on puisse sans inconvénient mettre à contribution l'un de ses boyaux en faveur du secteur d'attaque.

Avec l'exemple ci-dessus qui est établi dans des limites très vraisemblables, on voit que le chiffre minimum donné par l'Instruction du 22 août, pour le nombre des grands boyaux à établir est très voisin des désidérata d'une attaque.

En ce qui concerne les boyaux compris entre la parallèle de soutien et la première parallèle, il n'y a pas lieu de s'en inquiéter outre mesure et il semble bien qu'on puisse se contenter de deux boyaux par point d'appui, souvent dédoublés dans les premières lignes, par les besoins même de la défense, la progression dans certaines régions du terrain d'attaque, devant surtout se faire par l'extérieur, et être en conséquence organisée dans cet esprit (passerelles, tranchées comblées, etc.)

c) VOIES FERRÉES. — Il est inutile de revenir une fois encore sur l'intérêt majeur qu'il y a à développer considérablement le réseau de voies étroites. Mais il convient d'indiquer sur quelles bases on peut tabler pour l'établir : assurer à chaque Division d'attaque au moins une antenne de voie de 0 m. 60 allant jusqu'aux divers dépôts divisionnaires au moins, autant que possible au-delà et le plus loin qu'on le pourra. Prolonger les antennes voie de 0 m. 60 par des voies de 0 m. 40. (Cf. à ce sujet conférence spéciale.)

<h3 style="text-align:center">VIII. — P. C. ; P. S.</h3>

Pour mémoire. Rien à ajouter aux généralités.

<h3 style="text-align:center">IX. — Dépôts de matériel</h3>

En dehors des généralités, il ne nous appartient ici que d'examiner le cas des dépôts de matériel du Génie. Le sujet est d'une importance telle qu'il convient d'en faire l'objet d'une étude d'ensemble sur les ravitaillements en matériel du Génie.

Bornons-nous ici à insister sur l'intérêt qu'il y a à créer des dépôts avancés le plus loin possible et même jusque dans les parallèles de départ, pour éviter aux assaillants et aux ravitaillements qui les suivent, des pertes de temps, des fatigues excessives et souvent aussi, comme conséquence, des pertes évitables.

<h3 style="text-align:center">B. — Organisation du terrain conquis</h3>

Aussitôt après occupation du terrain, il faut se préoccuper de s'y accrocher par une organisation immédiate. Ce sujet a déjà été examiné dans le cours d'*Organisation défensive* (Chap. V, § XVIII, p. 46). Il nous suffira d'y joindre les quelques remarques suivantes :

1º En vue de la reprise ultérieure d'une offensive, la première parallèle sera établie à distance des lignes où s'est fixé l'adversaire, conformément à ce qui a été dit ci-dessus, au sujet des bases de départ (de l'ordre de 300 mètres) ;

2º Se préoccuper, dès l'occupation, de créer un système de P. C. munis de bonne liaison, là où s'établissent les divers Commandements d'unité lors de l'arrêt;

3º Ne pas omettre la question primordiale du ravitaillement en eau qui, dans les parties nouvellement occupées présente des difficultés toutes spéciales, tant au point de vue même de l'alimentation par les points d'eau de la région, que par la question de la valeur de l'eau trouvée (empoisonnée ou polluée, etc. Voir conférence du Lieutenant-Colonel Boisnier, p. 14 à 17).

NOTE

Dans ce qui précède il n'a pas été question de l'intervention des chars d'assaut. Sans nous étendre sur ce sujet nous pouvons néanmoins donner les indications suivantes :

1º Tant des attaques de la Malmaison que des attaques anglaises devant Cambrai, il résulte qu'un emploi judicieux des chars d'assaut peut rendre de grands services. Mais il faut bien se dire qu'il serait plus qu'imprudent de baser sur leur seule intervention la réussite de la progression. S'il est incontestable que la présence des chars d'assaut permet une diminution considérable de l'Artillerie d'attaque (50 p. 0/0, si l'on compare les affaires de la Malmaison et de Cambrai, dans la dernière desquelles un déploiement de ces engins beaucoup plus considérable que dans la première avait été réalisé), il faut observer que l'utilisation des chars d'assaut exige un terrain qui ne soit pas trop tourmenté par des actions antérieures et ne saurait dispenser des précautions habituelles, notamment en ce qui concerne l'aveuglement éventuel des organes vitaux et l'organisation du terrain occupé ;

2º Au point de vue particulier de l'organisation du terrain, quelques précautions particulières sont à prendre ; c'est non seulement la nécessité de reviser avec soin les ponts, mais même de créer jusqu'au point choisi pour le départ, des accès commodes.

Sans vouloir insister sur ce sujet, il a paru bon de l'effleurer, pour indiquer aux Officiers du Génie les directives générales de la collaboration qu'ils doivent s'attendre à se voir demander dans cette voie nouvelle.